Europäisches Parlament und Rat der Europäischen Union

Durchführungsbeschluss (EU) 2019/450 der Kommission vom 19. März 2019

über die Veröffentlichung der Europäischen Bewertungsdokumente für Bauprodukte zur Unterstützung der Verordnung (EU) Nr. 305/2011 des Europäischen Parlaments und des Rates [...]

AP

Antiphon Verlag

Europäisches Parlament und Rat der Europäischen Union

Durchführungsbeschluss (EU) 2019/450 der Kommission vom 19. März 2019

über die Veröffentlichung der Europäischen Bewertungsdokumente für Bauprodukte zur Unterstützung der Verordnung (EU) Nr. 305/2011 des Europäischen Parlaments und des Rates [...]

1. Auflage 2026 | ISBN: 978-3-38790-358-4

Antiphon Verlag ist ein Imprint der Antiquum Novum Verlag.

Verlag: Antiquum Novum Verlag UG (haftungsbeschränkt), Im Erlengrund 6a, 35510 Butzbach, Deutschland, info@antiquum-novum.de
Vertretungsberechtigt: E. Roepke, Zeilweg 44, 60439 Frankfurt, Deutschland
Druck: Libri Plureos GmbH, Friedensallee 273, 22763 Hamburg, Deutschland

►B

DURCHFÜHRUNGSBESCHLUSS (EU) 2019/450 DER KOMMISSION

vom 19. März 2019

über die Veröffentlichung der Europäischen Bewertungsdokumente für Bauprodukte zur Unterstützung der Verordnung (EU) Nr. 305/2011 des Europäischen Parlaments und des Rates

(Text von Bedeutung für den EWR)

(ABl. L 77 vom 20.3.2019, S. 78)

Geändert durch:

		Amtsblatt		
		Nr.	Seite	Datum
►M1	Durchführungsbeschluss (EU) 2019/896 der Kommission vom 28. Mai 2019	L 142	69	29.5.2019
►M2	Durchführungsbeschluss (EU) 2020/962 der Kommission vom 2. Juli 2020	L 211	19	3.7.2020
►M3	Durchführungsbeschluss (EU) 2020/1574 der Kommission vom 28. Oktober 2020	L 359	10	29.10.2020
►M4	Durchführungsbeschluss (EU) 2021/1183 der Kommission vom 16. Juli 2021	L 256	103	19.7.2021
►M5	Durchführungsbeschluss (EU) 2021/1789 der Kommission vom 8. Oktober 2021	L 359	117	11.10.2021
►M6	Durchführungsbeschluss (EU) 2022/381 der Kommission vom 4. März 2022	L 75	1	7.3.2022
►M7	Durchführungsbeschluss (EU) 2022/1517 der Kommission vom 9. September 2022	L 235	65	12.9.2022
►M8	Durchführungsbeschluss (EU) 2023/424 der Kommission vom 24. Februar 2023	L 61	68	27.2.2023
►M9	Durchführungsbeschluss (EU) 2023/910 der Kommission vom 3. Mai 2023	L 116	22	4.5.2023
►M10	Durchführungsbeschluss (EU) 2023/1473 der Kommission vom 17. Juli 2023	L 181	47	18.7.2023
►M11	Durchführungsbeschluss (EU) 2024/237 der Kommission vom 15. Januar 2024	L 237	1	17.1.2024
►M12	Durchführungsbeschluss (EU) 2024/1944 der Kommission vom 5. Juli 2024	L 1944	1	11.7.2024
►M13	Durchführungsbeschluss (EU) 2024/2904 der Kommission vom 14. November 2024	L 2904	1	19.11.2024
►M14	Durchführungsbeschluss (EU) 2025/871 der Kommission vom 30. April 2025	L 871	1	7.5.2025

▼B

DURCHFÜHRUNGSBESCHLUSS (EU) 2019/450 DER KOMMISSION

vom 19. März 2019

über die Veröffentlichung der Europäischen Bewertungsdokumente für Bauprodukte zur Unterstützung der Verordnung (EU) Nr. 305/2011 des Europäischen Parlaments und des Rates

(Text von Bedeutung für den EWR)

Artikel 1

Die im Anhang dieses Beschlusses aufgeführten Fundstellen der Europäischen Bewertungsdokumente für Bauprodukte zur Unterstützung der Verordnung (EU) Nr. 305/2011 werden im *Amtsblatt der Europäischen Union* veröffentlicht.

Artikel 2

Dieser Beschluss tritt am Tag seiner Veröffentlichung im *Amtsblatt der Europäischen Union* in Kraft.

▼B

ANHANG

Referenznummer und Titel des Europäischen Bewertungsdokuments

▼M4		
	020062-00-1102	Ein- und zweiflügelige Feuer- und/oder Rauchschutzabschlüsse aus speziellen Stahl-Rahmenprofilen
▼M13		
	020096-00-0405	Innentüren ohne Feuerschutz- und Rauchschutzeigenschaften aus Stahlprofilen
▼M9		
	030016-00-0402	Profilierte Bitumentafeln und -platten
▼M11		
	030218-01-0402	Membranen zur Verwendung als Dach- oder Wandunterlage oder beides (als Ersatz für die technische Spezifikation „EAD 030218-00-0402“)
▼M3		
	030219-00-0501	Akustische Sprühbeschichtung auf der Grundlage wasserbasierter organischer Bindemittel
▼M10		
	030271-00-0605	Feuchtevariable Dampfbremsbahnen
	030295-00-0605	Flexible, polymermodifizierte Dickbeschichtung
▼M14		
	030310-00-0605	Isolierfolien als Barriere gegen Substanzen mit Bedeutung für die Raumluftqualität
▼M3		
	030350-00-0402	Flüssig aufzubringende Dachabdichtung (als Ersatz für die technische Spezifikation „ETAG 005“)
▼M1		
	030351-00-0402	Systeme mit mechanisch befestigten flexiblen Dachdichtungsbahnen (als Ersatz für die technische Spezifikation „ETAG 006“)
▼M3		
	030352-00-0503	Flüssig aufzubringende wasserdichte Abdichtungen für Wände und Böden in Nassräumen (als Ersatz für die technische Spezifikation „ETAG 022-1“)
	030378-00-0605	Abdichtungsbahn im vollflächigen Verbund in Frischbetonverbundtechnologie
▼M2		
	030400-00-0605	Bausatz aus einer Polymer-Abdichtungsbahn zur Abdichtung von Wänden und Böden in Nassräumen und Schwimmbecken im Innen- und Außenbereich
▼M3		
	030436-00-0503	Bausätze für wasserdichte Boden- und/oder Wandbeläge für Nassräume (als Ersatz für die technische Spezifikation „ETAG 022-2“)
	030437-00-0503	Bausätze für wasserdichte Boden- und/oder Wandbeläge für Nassräume, basierend auf inhärent dichten Platten (als Ersatz für die technische Spezifikation „ETAG 022-3“)
▼M11		
	030588-00-1202	Dreischichtige Polyethylen-basierte Beschichtung für den Korrosionsschutz von Stahlrohren
▼M9		
	030675-00-0107	Bausätze für flüssig aufzubringende Brückenabdichtungen
▼M14		
	030684-00-0404	Folien auf Basis von Polyethylenterephthalat mit Beschichtung für Isolierglaseinheiten
	030927-00-0404	Mit Klebstoff beschichtete Polymerfolien zur Verwendung auf Glas in Gebäuden

▼M14		
	040011-01-1201	Vakuumisolationspaneele mit werkseitig aufgebrachten Schutzschichten (als Ersatz für die technische Spezifikation „EAD 040011-00-1201“)
▼M4		
	040016-01-0404	Textilglas-Gittergewebe zur Bewehrung von zementhaltigen oder zementbasierten Putzen (als Ersatz für EAD 040016-00-0404)
	040036-00-0501	Beschichtete Mineralwolle-Deckenplatten
▼M8		
	040049-01-0502	Polyurethan-/PU-Schaummatte oder Polyesterfasermatte zur Trittschalldämmung (als Ersatz für die technische Spezifikation „EAD 040049-00-0502“)
▼M12		
	040057-01-1201	Wärmedämmplatte aus mikroporöser Kieselsäure (als Ersatz für die technische Spezifikation „EAD 040057-00-1201“)
▼M3		
	040083-00-0404	Außenseitige Wärmedämm-Verbundsysteme (WDVS) mit Putzschicht (als Ersatz für die technische Spezifikation „ETAG 004“)
▼M10		
	040146-00-1201	Wärmedämmung aus Strohballen für Gebäude
▼M7		
	040369-01-1201	Dämmung aus losem oder verbundenem expandiertem Korkgranulat oder losem Naturkork- und Gummigranulat (als Ersatz für die technische Spezifikation „EAD 040369-00-1201“)
▼M3		
	040419-00-1201	Druckfeste Wärmedämmplatten aus gepresstem Polyurethan-Hartschaum
▼B		
	040427-00-0404	Bausätze für Wärmedämmverbundsysteme (ETICS) mit mineralischen Mörtel als Wärmedämmstoff und Putzsystem oder keramischen Bekleidungen als äußere Bekleidung
▼M2		
	040465-00-0404	WDVS mit Putzsystem auf einlagigen oder mehrlagigen Holzuntergründen
▼M13		
	040635-01-1201	Gebundenes Polystyrol-Schüttgut zur Wärme- und/oder Schalldämmung (als Ersatz für die technische Spezifikation „EAD 040635-00-1201“)
▼M11		
	040685-00-1201	Werkmäßig hergestellte Wärmedämm-Matten aus Glasfasern und amorpher Kieselsäure
▼M9		
	040708-00-0402	Trittschalldämmbahn mit zusätzlicher Funktion der Regenwasserdrainage und Schutz der äußeren Abdichtung
▼M2		
	040729-00-1201	Wärmedämmung aus loser Mineralwolle
▼M4		
	040759-00-0404	Außenseitiges Wärmedämm-Verbundsystem mit Putz auf zementgebundenen Polystyrol Dämmstoff
▼M10		
	040831-00-1201	Werkseitig hergestellter Verbundschaum für die Schall- und Wärmedämmung
▼M12		
	040868-00-0404	Elemente aus Polyurethan-Hartschaum (PUR) für die Befestigung von Anbauteilen an Außenwänden
▼M3		
	040914-00-0404	Bausätze für Wärmedämmschichten – Vorgefertigte Einheiten für die Außenwanddämmung und ihre Befestigungsvorrichtungen (als Ersatz für die technische Spezifikation „ETAG 017“)

▼M14

040949-00-1201	Mineralisch gebundene Holzspanplatten

▼M11

041094-00-1201	Offenzellige werkmäßig hergestellte Produkte aus Polyurethan-Hartschaum (PUR) und Polyisocyanurat-Schaum (PIR) für die technische Gebäudeausrüstung und für betriebstechnische Anlagen in der Industrie

▼M8

041125-00-1201	Druckbelastbare ungebundene Schüttung aus pflanzlichen Fasern zur Wärme- und/oder Schalldämmung in Fußbodenkonstruktionen

▼M10

041369-00-1201	Dämmplatten aus recyceltem Polyurethan für die Schall- und Wärmedämmung

▼M2

041389-00-1201	Platten aus gepresstem Naturkork zur Wärme- und Schalldämmung

▼M10

041499-00-1201	Elemente aus Polyurethan als Wärmedämmung im Rahmenprofil von PVC-U-Fenstern

▼M8

041559-00-1201	Wärmedämmender und schallabsorbierender Putz

▼M6

041561-00-1201	Wärmedämmung hergestellt aus mineralischem Ortschaum

▼M13

041669-00-1201	Wärmedämmplatte aus Silikat- oder Polyurethan-Aerogel auf einem Trägermaterial

▼M14

042051-00-0502	Naturkorkbasierte Matten zur Wärme- und Trittschalldämmung

▼M13

042232-00-0503	Flexible Zwischenlage zur Reduzierung der flankierenden Schall- und Vibrationsübertragung

▼M14

042461-00-1201	Hydrophiles Wärmedämmprodukt aus Mineralwolle zur Wasserspeicherung auf Gründächern und ähnlichen Anwendungen

▼M9

050003-00-0301	Topflager mit spezieller Innendichtung für erhöhte Beanspruchungen

▼M4

050019-00-0301	Querkraftdorne für strukturelle Verbindungen unter statischer und quasi-statischer Beanspruchung (als Ersatz für die technische Spezifikation „ETAG 030“)

▼M9

060009-00-0802	Bausatz für System Ofen-Abgasanlage bestehend aus Abgasanlage mit keramischen Innenrohr und integrierter Feuerstätte

▼M10

060011-00-0802	Bausätze für rußbrandbeständige System-Abgasanlagen mit Keramik-Innenrohr und feuchter Betriebsweise, die im Unter-/Überdruck arbeiten (als Ersatz für die technischen Spezifikationen 060001-00-0802, 060003-00-0802 und 060008-00-0802)

▼B

060012-00-0802	Bausatz bestehend aus Innenrohr, hergestellt aus einem flexiblen Verbundmaterial aus Glasfasern, mineralischen und synthetischen organischen Bestandteilen, und Zubehör

▼M9

060012-01-0802	Bausatz bestehend aus Innenrohr, hergestellt aus einem flexiblen Verbundmaterial aus Glasfasern, mineralischen und synthetischen organischen Bestandteilen, und Zubehör (als Ersatz für die technische Spezifikation „EAD 060012-00-0802“)

▼M6

060013-00-0802	Bausatz für System-Abgasanlagen mit Außenschale aus Beton mit Keramik-Innenrohr in Kombination mit Kunststoff- oder Metall-Innenrohr und zusätzlichem Schacht

▼M9

060014-00-0802	Bauprodukt zur Durchführung von abgasführenden Bauteilen durch Wände/Decken

▼M11

060015-00-0802	Bausätze für System-Abgasanlagen mit Keramik-Innenrohr mit erhöhter Wärmedämmung oder mit Außenschalenformstücken, bei denen das Versetzmittel ein Klebstoff auf Polyurethanbasis ist sowie mit einer Kombination aus beidem
070001-02-0504	Gipskartonplatten, Gipsplatten mit Vliesarmierung und Blähglasplatten zur Beplankung und Bekleidung von Bauelementen (als Ersatz für die technische Spezifikation „EAD 070001-01-0504“)

▼M7

080009-00-0301	Geosynthetische Zementverbundmatten und -barrieren

▼M8

080013-00-0102	Rechteckiges Georaster für die Stabilisierung ungebundener Körnerschichten unter aufgebrachten Lasten

▼M9

090010-00-0404	Geklebte Glaskonstruktionen und Klebstoffe

▼M12

090019-01-0404	Bausätze für Außenwandbekleidungen aus Blähglasgranulat-, Magnesiumoxid- oder anderen Mineralplatten mit Putzauftrag vor Ort (als Ersatz für die technischen Spezifikationen „EAD 090019-00-0404“ und „EAD 090119-00-0404“)

▼M6

090040-00-0404	Einseitig eingespannte Brüstungsverglasungen

▼M11

090062-01-0404	Bausätze für mechanisch befestigte Außenwandbekleidungen (als Ersatz für die technische Spezifikation „EAD 090062-00-0404“)

▼M13

090078-00-0504	Mehrschicht-Keramikplatte für Wandverkleidungen und Böden

▼M11

090097-00-0404	Bausätze für an Hilfsrahmen geleimte Außenwandbekleidungen

▼B

090119-00-0404	Bausätze für Außenwandverkleidungen aus Mineralfaserplatten mit in situ aufgebrachtem Putz
090120-00-0404	Bausätze für nicht-tragende Außenwandsysteme aus Mineralfaserplatten

▼M11

090125-00-0404	Bausätze für Außenwandverkleidungen mit laminiertem starrem Bekleidungselement

▼M7

100002-00-1106	Sprinkler zur frühen Brandunterdrückung, K240 bis 480, stehende und hängende Ausführung

▼M5

100012-00-1106	Flexibler Sprinklerschlauch mit Endstücken

▼M3

120093-00-0107	Elastische Belagsdehnfugen aus Asphalt für Straßenbrücken (als Ersatz für die technische Spezifikation „ETAG 032-3“)
120109-00-0107	Fahrbahnübergangskonstruktionen für Straßenbrücken mit einem Dichtelement (als Ersatz für die technische Spezifikation „ETAG 032-4“)
120110-00-0107	Mattendehnfugen für Straßenbrücken (als Ersatz für die technische Spezifikation „ETAG 032-5“)
120111-00-0107	Auskragende Fingerkonstruktionen für Fahrbahnübergangskonstruktionen für Straßenbrücken (als Ersatz für die technische Spezifikation „ETAG 032-6“)
120112-00-0107	Aufliegende Dehnfugen für Straßenbrücken (als Ersatz für die technische Spezifikation „ETAG 032-7“)

▼M3

120113-00-0107	Profilkonstruktionen mit mehreren Dichtelementen für Straßenbrücken (als Ersatz für die technische Spezifikation „ETAG 032-8“)

▼M11

130006-00-0304	Eingeklebte Stäbe für Holzverbindungen

▼M12

130018-00-0303	Holz-Beton-Verbund-System

▼B

130031-00-0304	Träger und Stützen mit Metallstegen
130082-00-0603	Fassadenbefestigungssystem — Kunststoffclip für die Befestigung von Fassadenelementen aus Holz oder Holzverbundwerkstoffen auf Unterkonstruktionen

▼M14

130089-01-0304	Strukturelles keilgezinktes Vollholz, nass, kalt oder nass-kalt verleimt (als Ersatz für die technische Spezifikation „EAD 130089-00-0304“)

▼M2

130118-01-0603	Schrauben und Gewindestangen als Holzverbindungsmittel (als Ersatz für EAD 130118-00-0603)
130186-00-0603	Dreidimensionale Nagelteller (als Ersatz für die technische Spezifikation „ETAG 015“)
130287-00-0603	Aluminiumrillennagel zur Verwendung im Holzbau
130308-00-0304	Tragendes Holzwerkstoffprodukt: Spanschichtholz (LSL)

▼M4

130320-00-0304	Brettschichtholz aus Laubvollholz

▼M10

130321-00-0304	Nach Festigkeit sortierte keilgezinkte Bretter für tragende Zwecke mit geschlossenem Zinkengrund — Nadelholz
130323-00-0304	Vorgefertigte Holzbauelemente — Elemente aus gefrästen Nadelholzelementen für tragende Bauteile in Gebäuden

▼M2

130336-00-0603	Punktförmiges Verbindungsmittel — Schwalbenschwanz aus Sperrholz für Brettsperrholz

▼M5

130348-00-0304	Brettschichtholz mit rechteckigem Querschnitt aus Radialschnitt-Stämmen

▼M2

130367-00-0304	Balken und Stützen auf Verbundholzbasis (als Ersatz für die technische Spezifikation „ETAG 011“)

▼M5

130484-00-0304	Im Zug-Prüflastverfahren geprüftes keilgezinktes Vollholz für tragende Zwecke, das zu Brettschichtholz und Balkenschichtholz verarbeitet werden kann

▼M13

130647-00-0304	Spezielle Verbundbauteile aus Brettschichtholz

▼M5

130661-00-0304	Brettschichtholz mit Keilzinkenverbindung über die volle Querschnittshöhe

▼M13

130767-00-0603	Stiftförmige Verbindungsmittel aus Holz

▼M3

140022-00-0304	Vorgefertigte tragende Tafeln aus Holz und Holzwerkstoffen (als Ersatz für die technische Spezifikation „ETAG 019“)

▼M12		
	150001-01-0301	Zement auf Basis von belitischem Calciumsulfoaluminat und Calciumsulfoaluminat (als Ersatz für die technische Spezifikation „EAD 150001-00-0301“)
▼M13		
	150007-01-0301	Portlandpuzzolanzement für die Verwendung unter tropischen Bedingungen (als Ersatz für die technische Spezifikation „150007-00-0301“)
▼M7		
	150009-01-0301	Hochofenzement CEM III/A mit Bewertung des Sulfatwiderstandes (SR) und optional mit niedrigem wirksamen Alkaligehalt (LA) und/oder niedriger Hydratationswärme (LH) (als Ersatz für die technische Spezifikation „EAD 150009-00-0301“)
▼M9		
	150036-00-0301	Fluoraluminat-Schnellzement
▼M13		
	150052-00-0301	Weißer Tonerdezement mit hohem Tonerdegehalt
▼M9		
	160011-00-0301	Bausatz für Stahlbetonbauteile mit hochfestem Bewehrungsstahl aber begrenzter Ausnutzung unter Zug
▼M8		
	160012-01-0301	Kopfbalken aus Betonstahl (als Ersatz für die technische Spezifikation „EAD 160012-00-0301“)
▼M11		
	160015-00-0102	Fels- und Bodenankerbausatz — Bausatz mit Gewindestäben aus Stahl oder Spannstahl
▼M12		
	160031-00-0301	Rückbiegeanschluss
▼M2		
	160055-00-0301	Gitterträger zur Erhöhung des Durchstanzwiderstandes von Flachdecken oder Fundamenten und Bodenplatten
▼M4		
	160057-00-0301	L- oder Z-förmige Metallbleche zur Erhöhung des Durchstanzwiderstandes von Flachdecken oder Fundamenten und Bodenplatten
▼M7		
	160071-00-0102	Bausatz für Fels- und Bodenanker mit Verwendung von Spannstahllitzen
▼M11		
	160086-00-0301	Bausätze für das Verstärken von Stahlbeton- und Spannbetonbauteilen durch oberflächig aufgeklebte CFK-Lamellen
▼M13		
	160088-00-0102	Bausätze für die Errichtung eines Fels- und Bodennagels — Bausätze mit Hohlstäben für einen selbstbohrenden Nagel — Hohlstäbe aus nahtlosen oder geschweißten Stahlrohren
▼M7		
	160124-00-0301	Nichtschraubbare mechanische Verbindung von Betonstahl mittels seitlicher Verpressung
▼M4		
	160129-00-0301	Betonstahlverbindungen
▼M13		
	160208-00-0301	S-förmige Doppelkopf-Bewehrungselement zur Erhöhung des Durchstanzwiderstands von Fundamenten und Bodenplatten
▼M3		
	170005-00-0305	Einheiten aus recycelten Mauerziegeln

▼M9

170006-00-0305	Leichtbetonsteine mit spezifischem Feuchtumrechnungsfaktor Fm

▼M7

170010-00-0305	Mauersteine aus Styroporbeton und aus den Steinen gefertigte Wandbausätze

▼M2

170011-00-0305	Wärmedämmelemente für Mauerwerk

▼M9

170012-00-0404	Bausteine aus Ziegel und Schaumglaskern
170018-00-0305	Wärmedämmende und lasttragende Einheit aus Schaumglas

▼M12

180002-00-0706	Barrieren zum Schutz von Öffnungen oder der Umgebung von Gebäuden oder anderer Strukturen vor Hochwasser

▼M14

180017-00-0704	Kammern und Endkappen für ein unterirdisches Regenwasserrückhalte- oder -speichersystem

▼M9

180020-00-0704	Wasserfreie Geruchsbarriere für Bodenabflüsse

▼M2

180023-00-0704	Vertikaler zentrifugaler Regenwasser-Durchsatzregler

▼M4

180025-00-0704	Vorgefertigte Abwasseraufbereitungsanlagen für mindestens 51 bis 500 PT

▼M11

180026-00-0704	Unterdruckentwässerungssystem zum Ableiten von Abwässern

▼M13

180037-00-0706	Rückstauverschluss aus Kunststoff zur Einfügung in einer Abwasserleitung für Schwerkraftentwässerungssysteme
180040-00-0704	Abwasserabscheider im Gebäude
180041-00-0704	Nachrüstsätze für Kleinkläranlagen

▼M10

190010-00-0502	Verlegeunterlagen aus Polyurethan Schaum-Granulat mit oder ohne Kork-Granulat

▼M4

190013-00-0502	Wärme- und schalldämmende Trockenestrichsysteme mit vorgefertigten Estrichelementen

▼M12

190014-00-0503	Verbundbodenbeläge für den Einsatz im Außen- und im Innenbereich

▼M6

190019-00-0502	Zementbasierter Estrich für Innen- und Außenanwendungen

▼M13

190021-00-0502	Selbstblockierende Pflastersteine aus Recyclingkunststoff

▼M12

190022-00-0503	Fugenloser, ökologischer, aus mehrheitlich nachwachsenden und nachhaltigen Rohstoffen bestehender Fließbelag
190026-00-0502	Elastischer Bodenbelag aus EPDM und Gummigranulat

▼M13

200006-00-0302	Kabelnetze mit Befestigungskomponenten

▼M2

200050-02-0102	Körbe, Matratzen und Säcke für Gabionen aus regulärem, sechseckmaschigem Drahtgeflecht, metallisch vorbeschichtet, mit oder ohne zusätzliche organische Beschichtung (als Ersatz für EAD 200050-01-0102)

▼M12

200077-00-0103	Bausätze für die Errichtung eines Mikropfahls — Bausätze mit Gewindestäben

▼M10

200112-00-0301	Stahlfederelemente

▼M11

200126-00-0302	Korrosionsschutzsystem mit gewickelten Bändern für tragende Bauteile
200188-00-1202	Korrosionsschutzfarbe für Stahl

▼M4

200207-00-0302	Bausätze für tragende Außen- und Innenwände

▼M1

210005-00-0505	Bausätze für innere Trennwände zur Verwendung als nichttragende Innenwände (als Ersatz für die technische Spezifikation „ETAG 003")
210046-00-1201	Blechverbundplatte

▼M10

210058-00-0504	Holzbasierte Verbundplatten für die Wand- oder Deckengestaltung im Innenbereich oder beides

▼M12

210132-00-0504	Faserplatten aus recycelten Zellulosefasern von industriellen Zellulose-Rückständen zur nichttragenden Verwendung im Innenbereich

▼M5

210134-00-1202	Schalldämmplatten/Trockenestrich und lastabtragende Streifen aus Wellkarton gefüllt mit Quarzsand

▼M8

210138-00-0504	Platten aus recycelten Getränkekartons zur Verwendung im Bauwesen

▼M14

210195-00-0404	Ultradünne Natursteinplatten für Innen- und Außenwandverkleidungen und Bedachungen

▼M10

220009-00-0401	Sets für begrünte Dächer

▼M2

220010-01-0402	Flache Dacheindeckung aus recyceltem Kunststoff für selbsttragende und/oder vollgestützte überlappende Dach- und/oder Außenverkleidung (als Ersatz für EAD 220010-00-0402)

▼M9

220020-00-0402	Laminierte und nicht-laminierte Schindeln mit niedrigem Bitumengehalt und mit mineralischer oder synthetischer Verstärkungseinlage

▼M11

220034-00-0607	Dachziegel-Verbindungsklammer

▼M2

220062-00-0401	Oberlicht mit verklebtem oder mechanisch befestigtem Deckglas

▼M11

220078-00-0401	Dachbegrünungselement aus Kunststoff mit zugehörigen Befestigungselementen

▼M1

220089-00-0401	Selbsttragende transparente Dachsysteme mit einer Abdeckung aus Kunststoffplatten (als Ersatz für die technische Spezifikation „ETAG 010")

▼M11

220089-00-0401-v01	Selbsttragende lichtdurchlässige Dach- und Wandbausysteme mit Ausfachungen aus Kunststoffplatten einschließlich opaquer Kunststoffplatten
220106-00-0402	Dünne Stahlelemente für die Dach- und Wandverkleidung
▼M2	
220116-00-0401	Nichtöffenbare, feuerwiderstandsfähige Dachflächenfenster
▼M11	
220122-00-0401	Dachfenster und Dach-Tageslichtsysteme
220150-00-0401	Dachfenster mit integriertem Balkonelement
▼M10	
230064-00-0106	Straßenmarkierungen — Retroreflektive Elemente mit hohem Brechungsindex
▼M5	
230145-00-0105	Vergussmasse für Bitumen und bituminöse Mischungen aus Gummigranulatpulver
▼M14	
230328-00-0108	Gummimodifizierte Bitumenbindemittel
▼M11	
260010-00-0301	Rezyklierte Stahlfasern aus Altreifen für Beton
▼B	
260014-00-0301	Kalziniertes Schichtsilikat als Typ II Betonzusatzstoff
▼M1	
260017-00-0301	Elastische Mikrohohlkugeln als Betonzusatzmittel
▼M3	
260020-00-0301	Calciumcarbonat als aktiver Zusatzstoff mit katalytischer Bindewirkung für Beton
▼M12	
260023-00-0301	Stäbe aus faserverstärkten Kunststoffen mit Carbon-, Glas-, Basalt- und Aramidfasern zur Bewehrung von Bauteilen
▼M9	
260024-00-0301	Polymermakrofasern mit alkaliresistenter Glasfaserbewehrung für die Verwendung im Beton
▼M4	
260026-00-0301	Abdichtungsmittel für Beton
▼M9	
260048-00-0301	Kalksteinmehl mit zusätzlichen Eigenschaften
▼M14	
260054-00-0301	Schwindreduzierender Zusatz für Beton
▼M13	
260057-00-0303	Anorganisches Glasfasergitter für die Verstärkung von Estrich auf Zement-, Anhydrit- oder Harzbasis
▼M5	
260067-00-0301	Polymermakrofasern mit Basaltfaserbewehrung für die Verwendung in Beton
280004-00-0702	Geflanschte Steuerventile
▼M7	
280005-00-0702	Thermostatische Heizkörperventile
▼M11	
280009-00-0802	Kunststoffrohrsätze für das Transportsystem von heißem und kaltem Wasser, hergestellt aus Polyethylen mit erhöhter Temperaturbeständigkeit (PE-RT)

▼M11		
	280017-00-0109	Rotationsgeformte Behälterkombination aus Polyethylen
▼M10		
	300002-00-1202	Glaspaneele, Fliesen und Mosaik
▼M12		
	300008-00-0404	Thermisch gebogenes nicht vorgespanntes Glas und Verbund-Sicherheitsglas aus thermisch gebogenem nicht vorgespanntem Glas
▼M9		
	300007-00-0404	Spezialspiegel
▼M8		
	300010-00-0505	Spezielles gezogenes Flachglas
▼M13		
	300021-00-0404	Vakuum-Isolierglas
	300031-00-0404	Druckentspanntes Mehrscheiben-Isolierglas
▼M9		
	320014-00-0605	Fugenabdichtungsprofil bestehend aus EPDM für die Abdichtung von Tübbingkonstruktionen
▼M5		
	330008-03-0601	Ankerschienen (als Ersatz für die technische Spezifikation „EAD 330008-02-0601“)
▼M13		
	330008-04-0601	Ankerschienen (als Ersatz für die technische Spezifikation „EAD 330008-03-0601“)
▼M10		
	330012-01-0601	Einbetonierter Anker mit Innengewindehülse (als Ersatz für die technische Spezifikation EAD 330012-00-0601)
▼M9		
	330076-01-0604	Metall-Injektionsdübel für Verankerungen in Mauerwerk (als Ersatz für die technische Spezifikation „EAD 330076-00-0604“)
▼M8		
	330083-03-0601	Setzbolzen als redundante Befestigung von nichttragenden Systemen zur Verankerung im Beton (als Ersatz für die technische Spezifikation „EAD 330083-02-0601“)
▼M5		
	330087-01-0601	Systeme für nachträglich eingemörtelte Bewehrungsanschlüsse (als Ersatz für die technische Spezifikation „EAD 330087-00-0601“)
▼M12		
	330196-01-0604-v01	Kunststoff-Schraubdübel zur Befestigung von außenseitigen Wärmedämm-Verbundsystemen (WDVS) an Deckenuntersichten
▼M5		
	330232-01-0601	Mechanische Dübel zur Verwendung in Beton (als Ersatz für die technische Spezifikation „EAD 330232-00-0601“)
	330232-01-0601 -v01	Drehmomentgesteuerte Spreizdübel für den Einsatz in Beton mit variabler Nutzungsdauer bis zu 50 Jahren
	330250-00-0601	Nachträglich eingebaute Befestigungsmittel in Beton unter ermüdungsrelevanter zyklischer Beanspruchung
▼M4		
	330284-00-0604	Kunststoffdübel für redundante nichttragende Systeme in Beton und Mauerwerk (als Ersatz für die technische Spezifikation „ETAG 020“)
▼M14		
	330284-00-0604-v01	Variante: Kunststoffdübel für redundante nichttragende Systeme zur Verwendung in Beton und Mauerwerk bei Brandeinwirkung

▼M10	330387-00-0601	Verbinder aus glasfaserverstärktem Kunststoff (GFK) zur Verwendung in Sandwich- und Elementwänden aus Beton
▼M12	330424-00-0604	Schraubanker für Porenbeton und Leichtbeton
▼M3	330499-01-0601	Verbunddübel zur Verwendung in Beton (als Ersatz für die technische Spezifikation „ETAG 001-5“ und das Europäische Bewertungsdokument 330499-00-0601)
▼M12	330499-02-0601	Verbunddübel und Verbundspreizdübel zur Verwendung in Beton (als Ersatz für die technische Spezifikation „EAD 330499-01-0601“)
▼M9	330924-01-0601	Einbetonierte Ankerbolzen (als Ersatz für die technische Spezifikation „EAD 330924-00-0601“)
▼M7	330965-01-0601	Setzbolzen zur Befestigung von WDVS in Beton (als Ersatz für die technische Spezifikation „EAD 330965-00-0601“)
▼M3	331433-00-0601	Injektionsdübel zur Befestigung von Wärmedämmplatten
▼M9	331565-00-0602	Keilsicherheitsscheiben für Schraubverbindungen im Metallbau
▼M8	331668-00-0601	Rovings aus Glas, Basalt, Aramid, Kohlenstoff, PBO (Polyparaphenylen-Benzobisoxazol) und Stahl für faserverstärkte Ankertaschen
▼M10	331846-00-0603	Anschlageinrichtungen zur Sicherung von Personen
▼M1	331924-00-0602	Bausätze für Dielenbefestigung
▼M2	332001-00-0602	Klemmsystem für die Verbindung von Fertigbetonteilen
▼M13	332001-01-0602	Klemmsysteme für die Verbindung von Betonfertigteilen (als Ersatz für die technische Spezifikation „EAD 332001-00-0602“)
▼M4	332229-00-0602	Punktverschluss für Glasverkleidungen
▼M3	332277-00-0601	Befestigung für Druck-Zug-Abstützungen für vorgefertigte Wand- und Stützenelemente
▼M9	332347-00-0601	Verbinder zur Verstärkung bestehender Betonkonstruktionen durch Aufbeton
▼M11	332347-00-0601-v01	Verbinder zur Verstärkung vorhandener Betonkonstruktionen durch Aufbeton: Verhalten bei Erdbeben
▼M12	332402-00-0601	Nachträglich eingemörtelte Bewehrungsstäbe mit verbessertem Verbund- und Spaltverhalten

▼M6

332589-00-0601	Seilschlaufen-System für die Verbindung von Betonfertigteilen und Bauteilen aus Ortbeton

▼M13

332589-01-0601	Seilschlaufen-System für die Verbindung von Betonfertigteilen und Bauteilen aus Ortbeton (als Ersatz für die technische Spezifikation „EAD 332589-00-0601")
332700-00-0601	Betonschrauben zur Befestigung von Sandwichpaneelen

▼M10

332795-00-0601	Verbundankerschraube in Beton

▼M11

333037-00-0602	Gewindebolzen für die Befestigung von Anbauteilen auf Untergründen aus Stahl und Aluminium

▼M6

333220-00-0601	Eingebaute Anker für die Befestigung von Fassadenelementen

▼M11

333256-00-0603	Verbindungsmittel zur Befestigung von Wärmedämm-Verbundsystemen auf Holzunterkonstruktionen

▼M7

340109-00-0106	Flexibles Lawinenschutzset

▼M4

340179-00-0203	Stahlkomponenten für Palettenregalsysteme

▼M9

340225-00-1109	Kunststoffkammern für den Zugang zu unterirdischen Netzwerken, die unter Schachtabdeckungen installiert sind

▼M2

340275-00-0104	Aufgeklebte Verbundsysteme mit anorganischer Matrix für die Verstärkung von Beton- und Mauerwerk

▼M6

340287-00-0203	Verstärktes, hochdichtes EPS-Bauplattensystem für Gebäudeeinheiten

▼M12

340297-00-0203	Trockenmauerwerksystem mit vertikalen Verbindungselementen

▼M3

340308-00-0203	Bausätze für Holzkonstruktionen (als Ersatz für die technische Spezifikation „ETAG 007")

▼M5

340309-00-0305	Nichtlasttragende Schalungssysteme/-bausätze, bestehend aus Hohlkörperelementen aus Wärmedämmaterialien und — mitunter — Beton (als Ersatz für die technische Spezifikation „ETAG 009")

▼M14

340376-00-0111	Vorgefertigte Boden- und Wasserbarrieresysteme aus Polyvinylchlorid

▼M4

340383-00-0203	Fertigbaumodule für Friedhöfe

▼M3

340392-00-0104	CRM-(Composite Reinforced Mortar)-Systeme für die Verstärkung von Beton- und Mauerwerkskonstruktionen

▼M13		
	340451-00-0104	Bewehrung aus AR-Glasgittergewebe, Verbindungen und Mörtel für die Verstärkung des Mauerwerks und der Stahlbetonelemente
▼M6		
	340452-00-0204	Bausatz auf der Basis von massiven Platten mit Metallrahmenstruktur
▼M13		
	340503-00-1106	Feuerwiderstandsfähige Fertigbauteile
▼M9		
	350003-01-1109	Bausatz für feuerwiderstandsfähige Installationskanäle aus werkseitig hergestellten Formstücken (hergestellt aus Stahlblech mit intumeszierender Beschichtung oder Bekleidung) und Zubehörteilen (als Ersatz für die technische Spezifikation „EAD 350003-00-1109“)
▼M8		
	350454-00-1104-v01	Kombinierte Durchdringungsfugen für Brandschutzklappen
▼M3		
	350865-00-1106	Produkte für schwer entflammbare Oberflächen (als Ersatz für die technische Spezifikation „ETAG 028“)
▼M7		
	360001-01-0803	Belüftungssystem aus Mineralwolle mit Außen- und Innenverkleidung (als Ersatz für die technische Spezifikation „EAD 360001-00-0803“)
▼M13		
	360001-02-0803	Belüftungssysteme aus Mineralwolle mit Außen- und Innenverkleidung (als Ersatz für die technische Spezifikation „EAD 360001-01-0803“)
▼M4		
	360027-00-0101	Abflusssystem für unterirdische Felskavernen
▼M6		
	360032-00-0803	Innenrohr, hergestellt aus einem flexiblen Verbundmaterial aus Glasfasern, mineralischen und organischen Bestandteilen, für die Sanierung von Schächten für Lüftungszwecke